Sulla strada, automobili e altro Trasporti
libro da colorare

Young Scholar

Young Scholar
An imprint of Ciparum LLC

Sulla strada, automobili e altro Trasporti libro da colorare
© 2017 Ciparum LLC
All rights reserved.
ISBN-10:1-63589-311-9
ISBN-13:978-1-63589-311-3

www.youngscholar.co

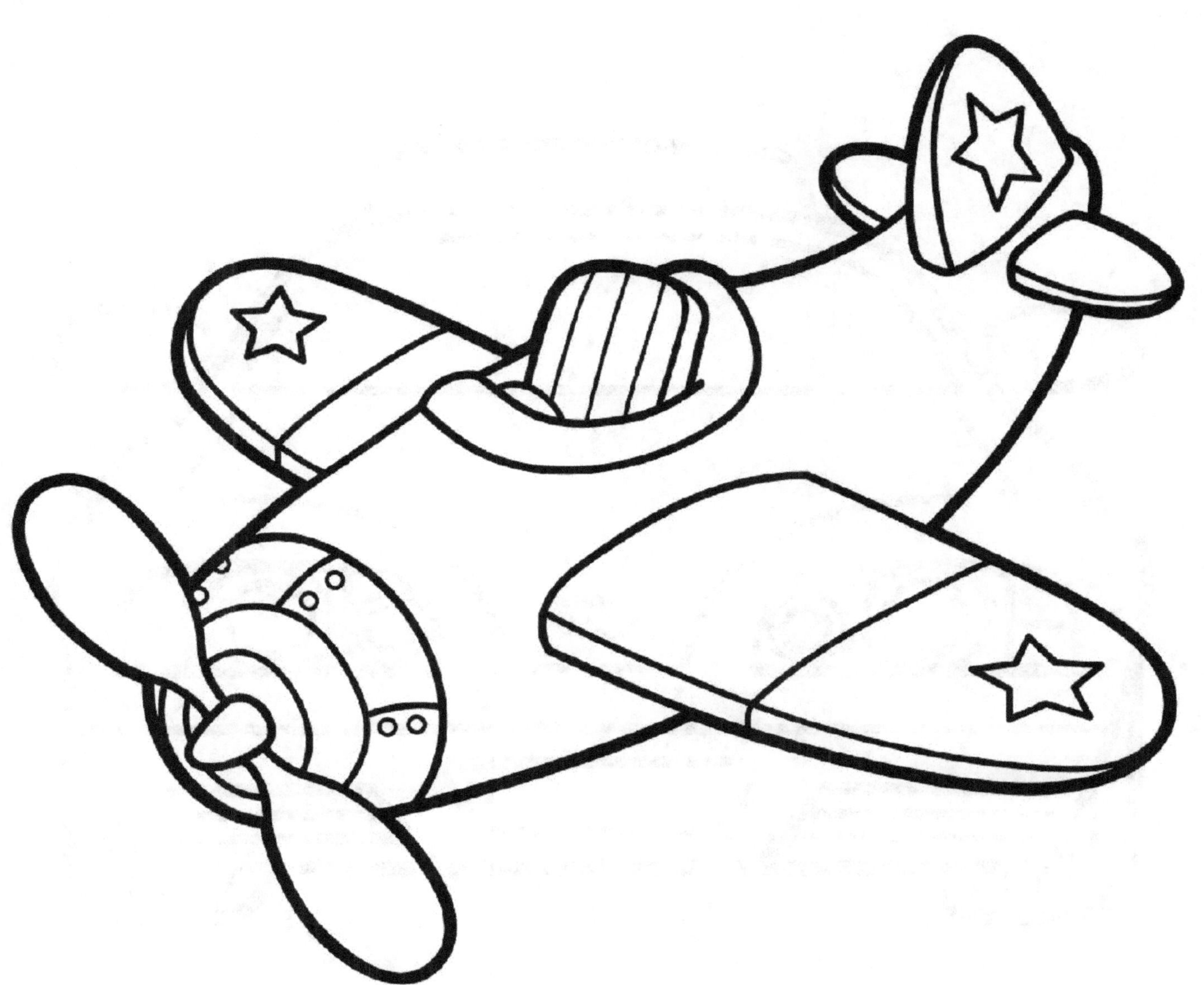

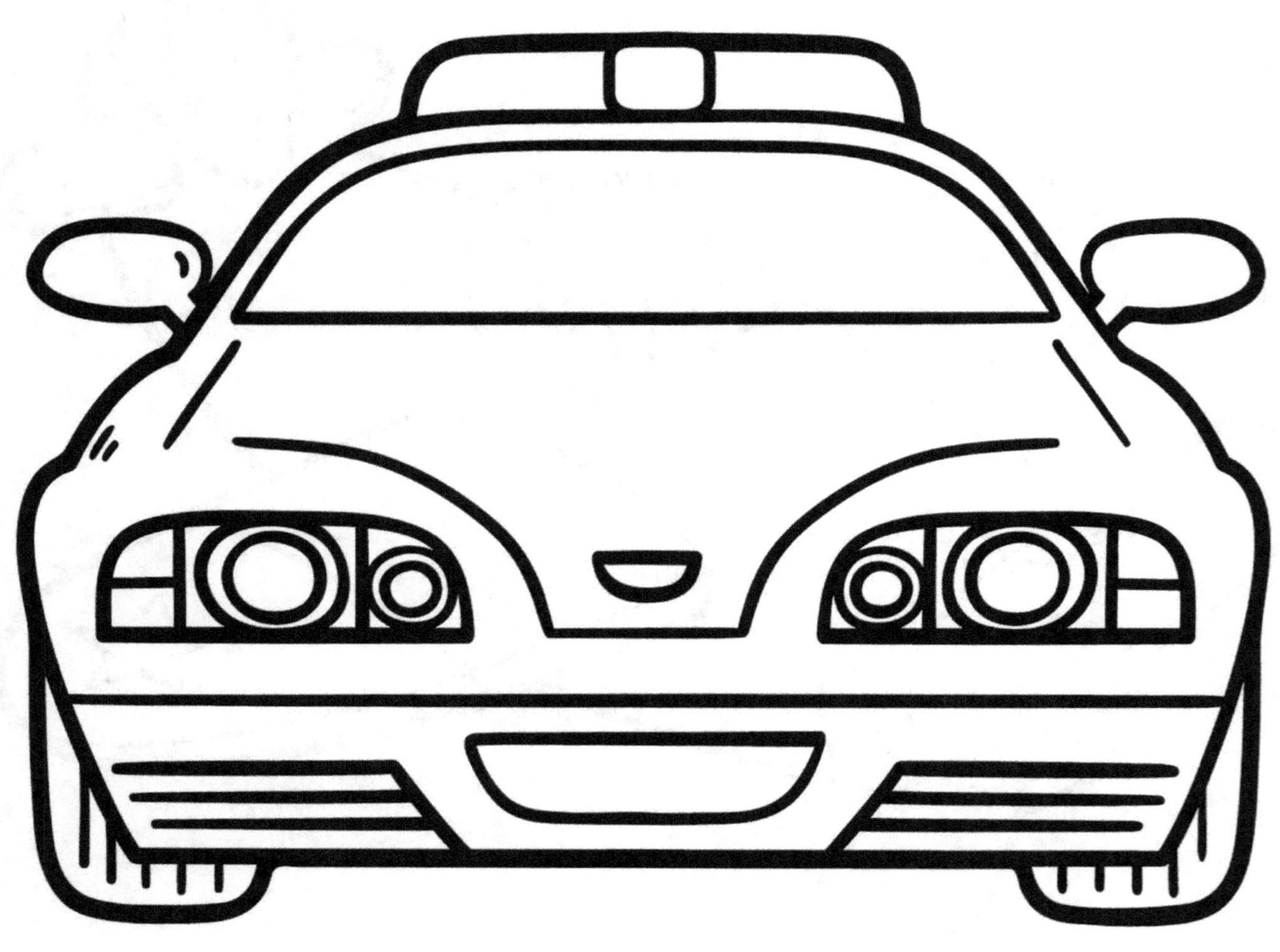

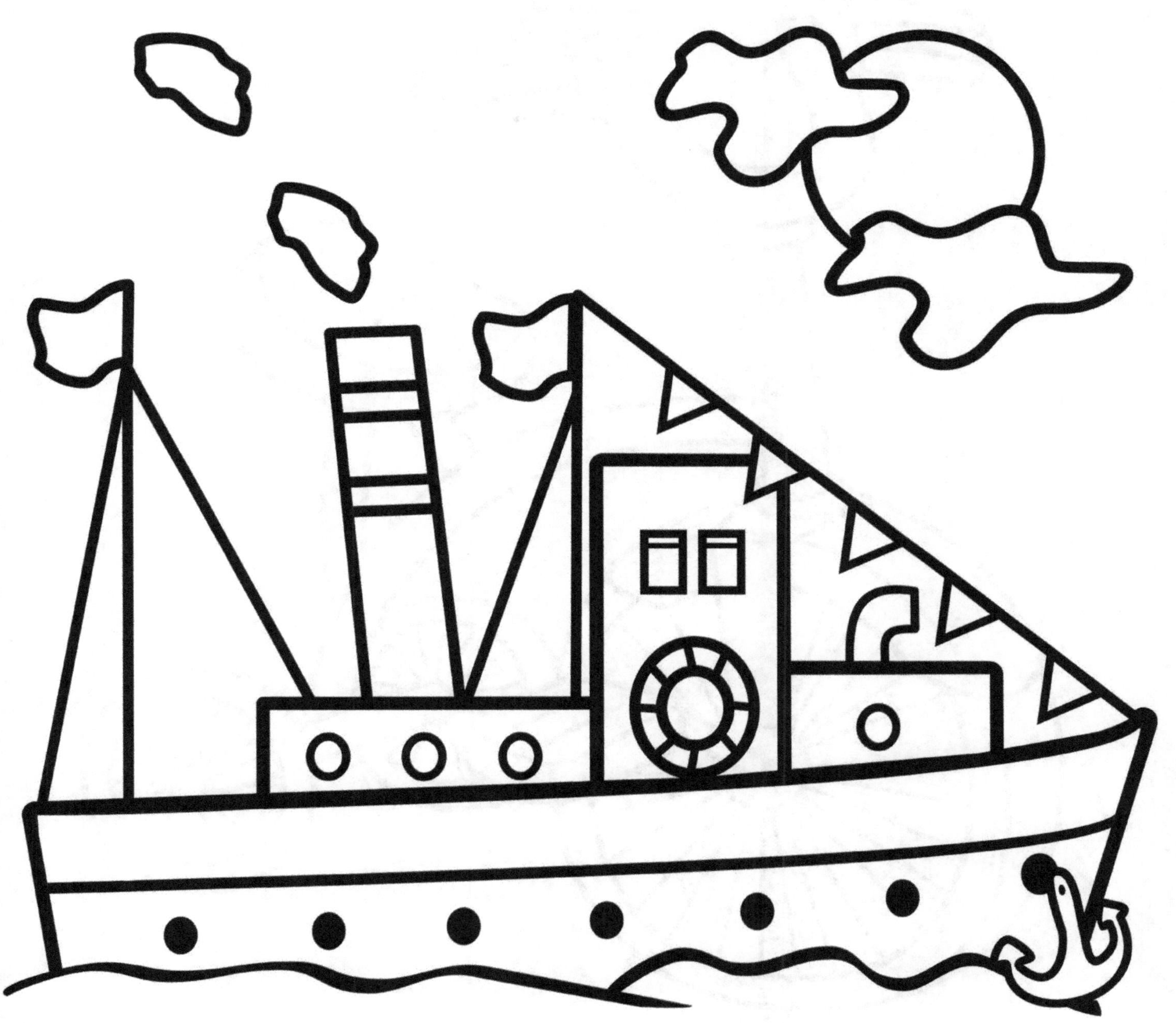

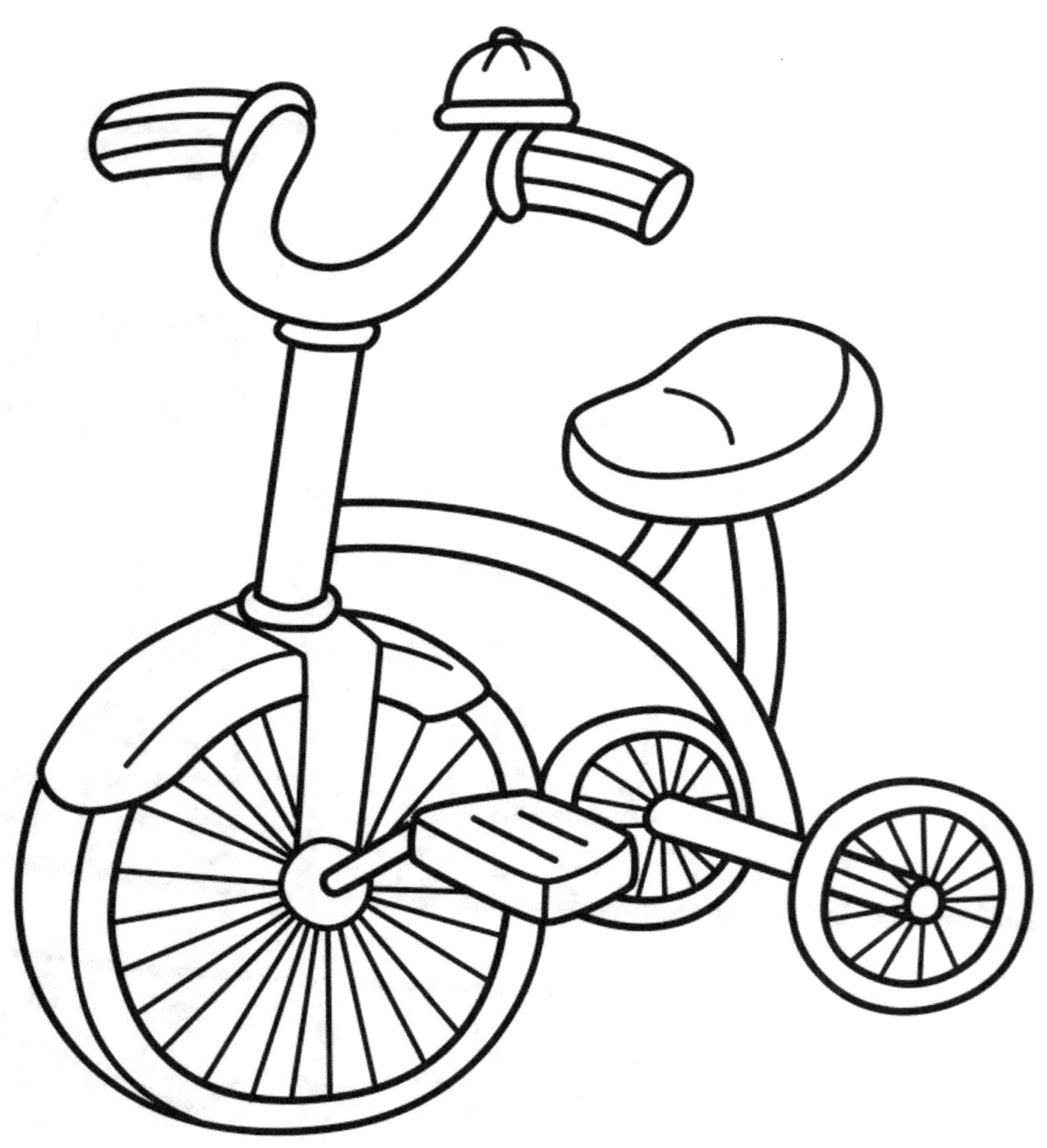

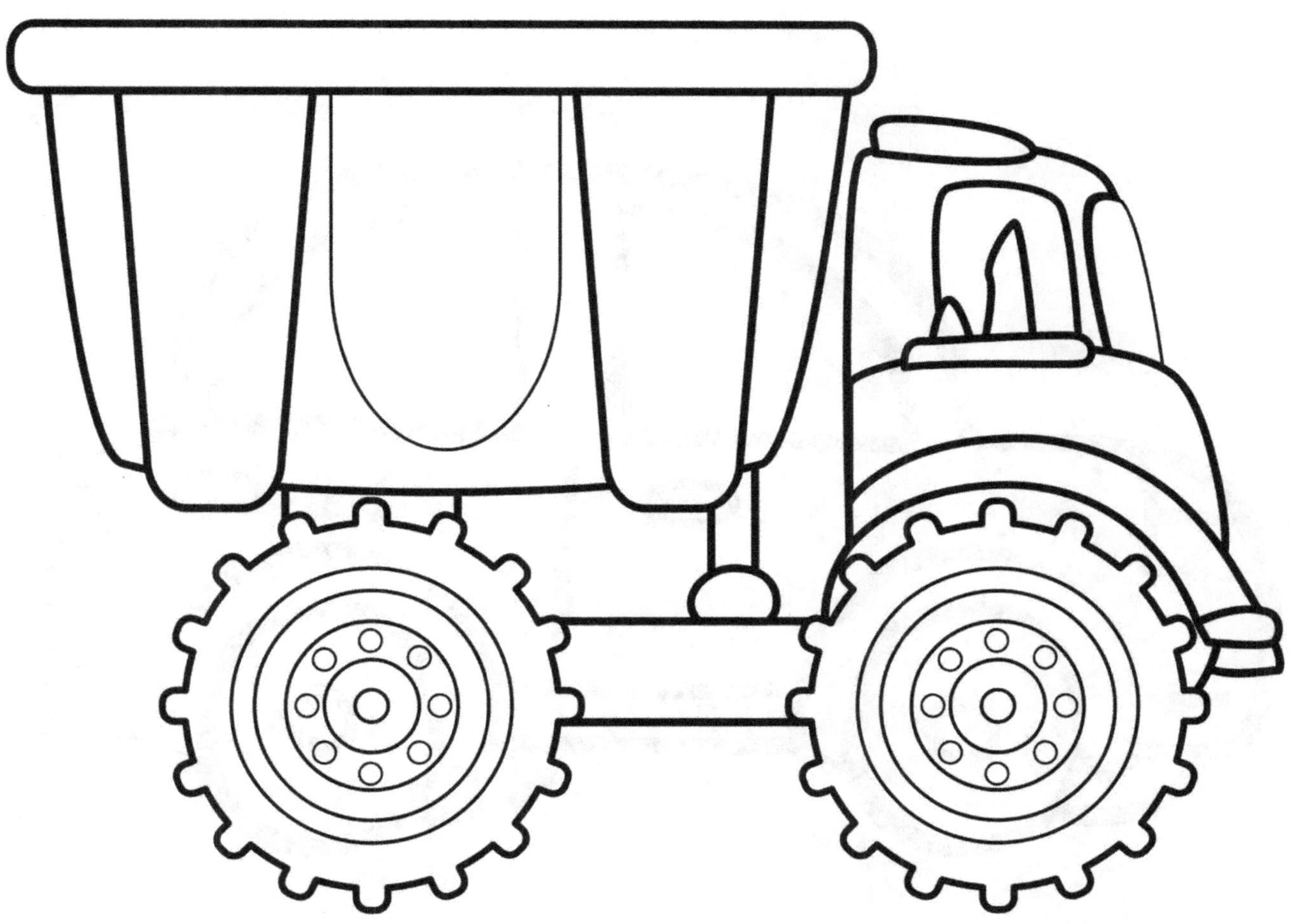

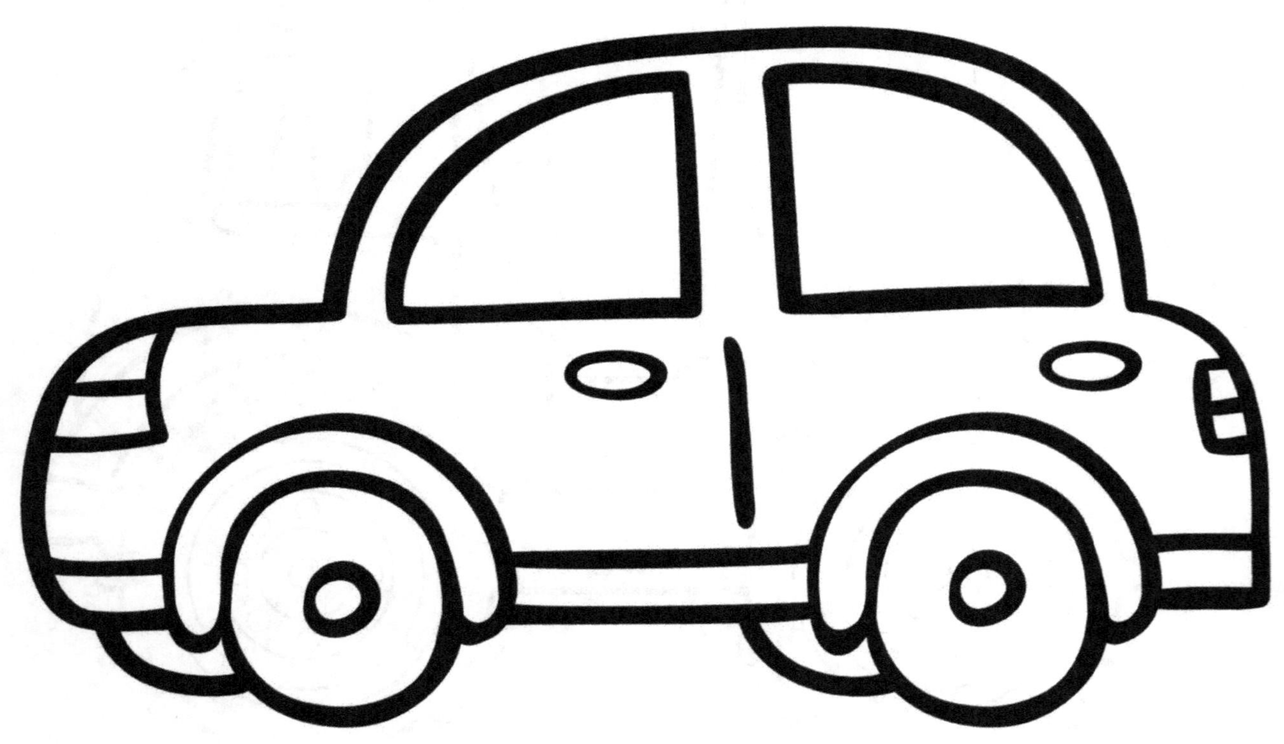

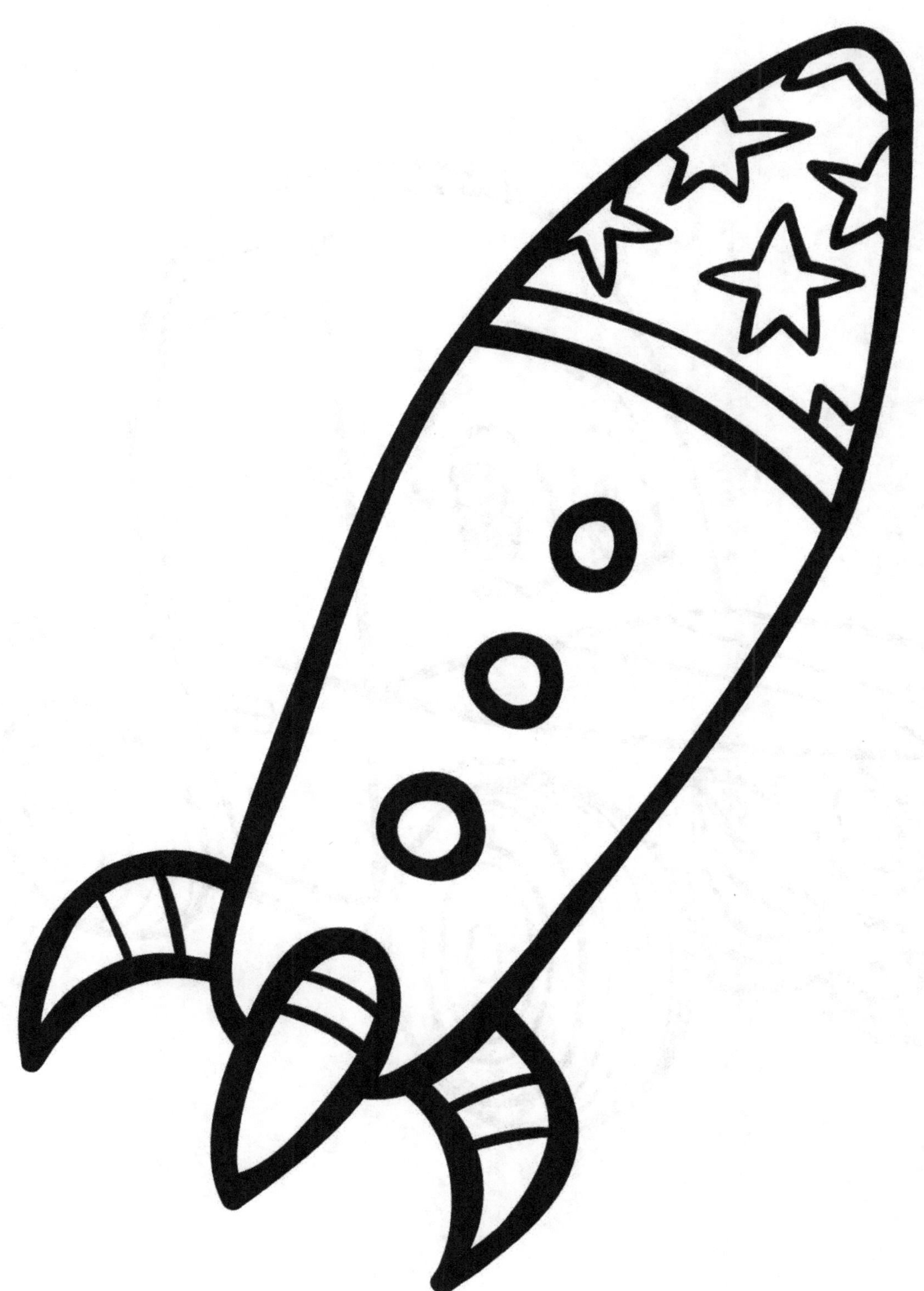

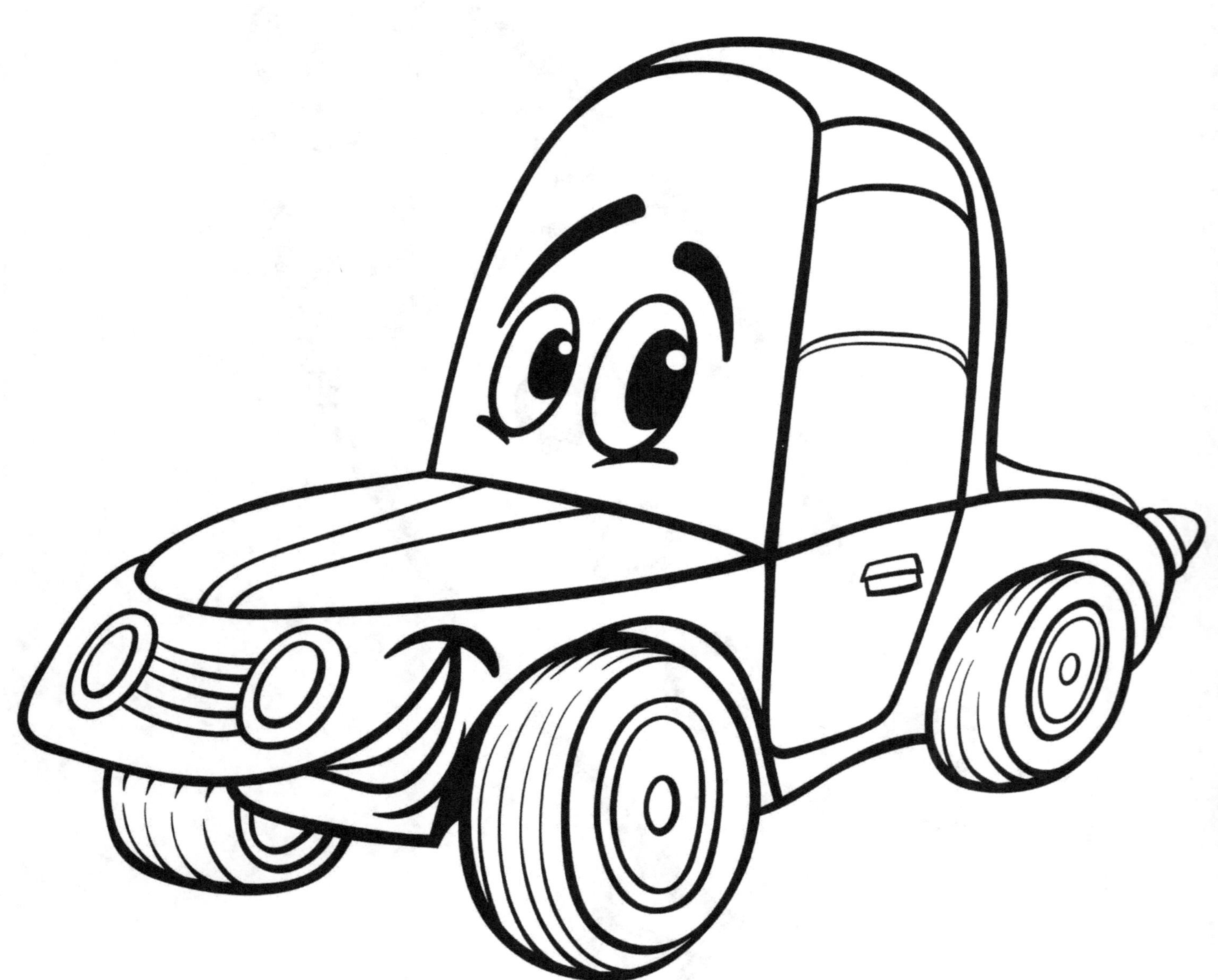

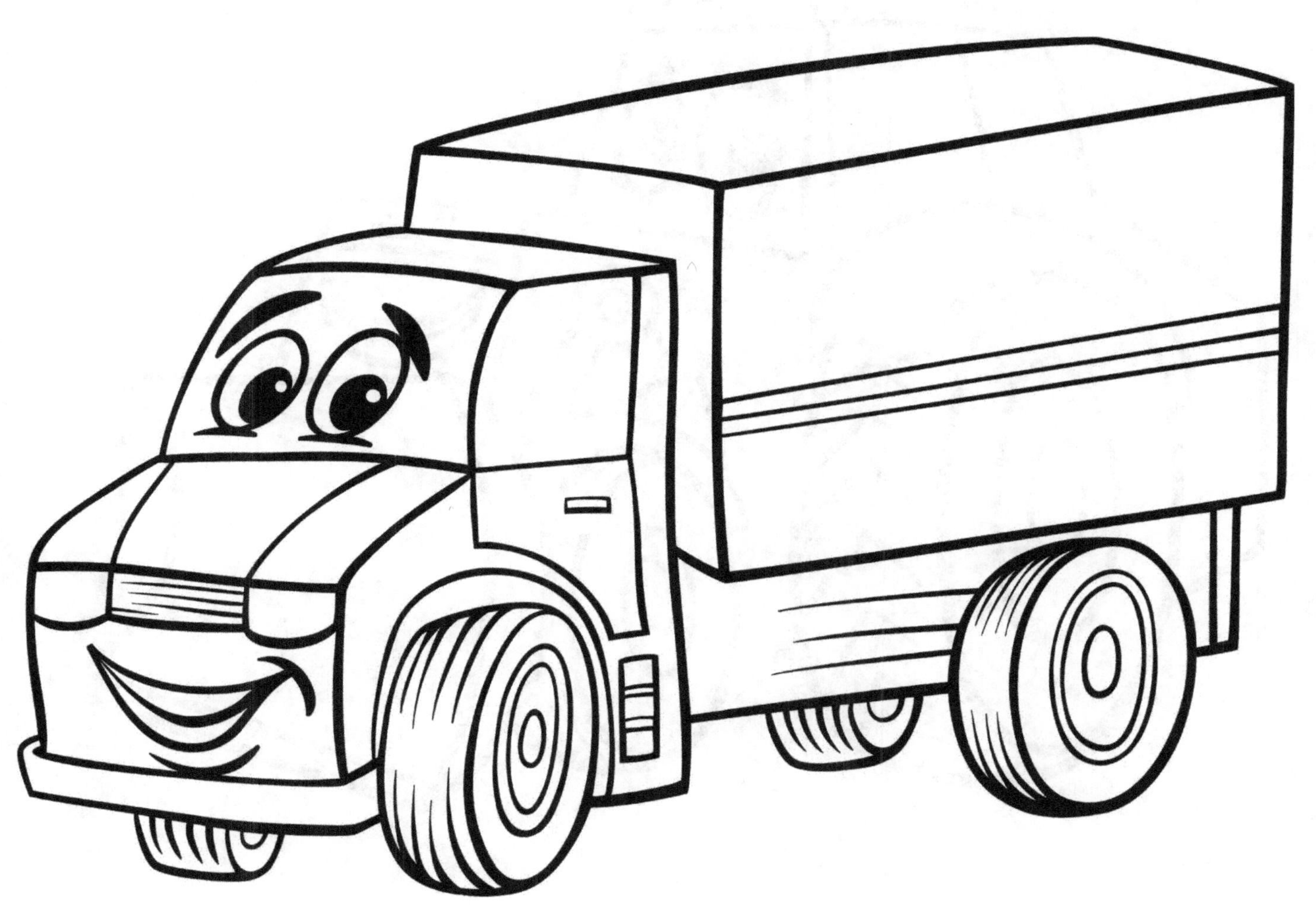

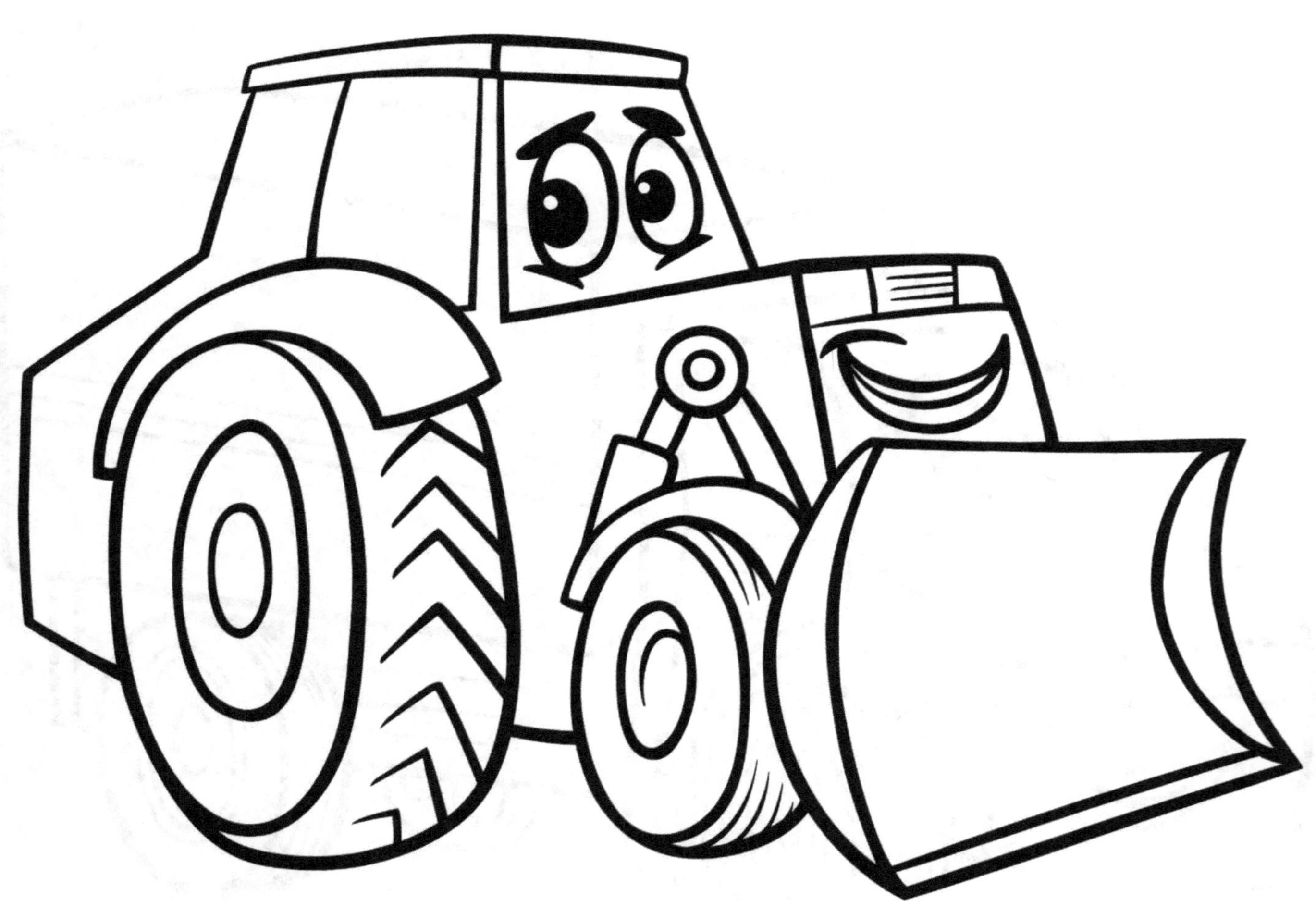

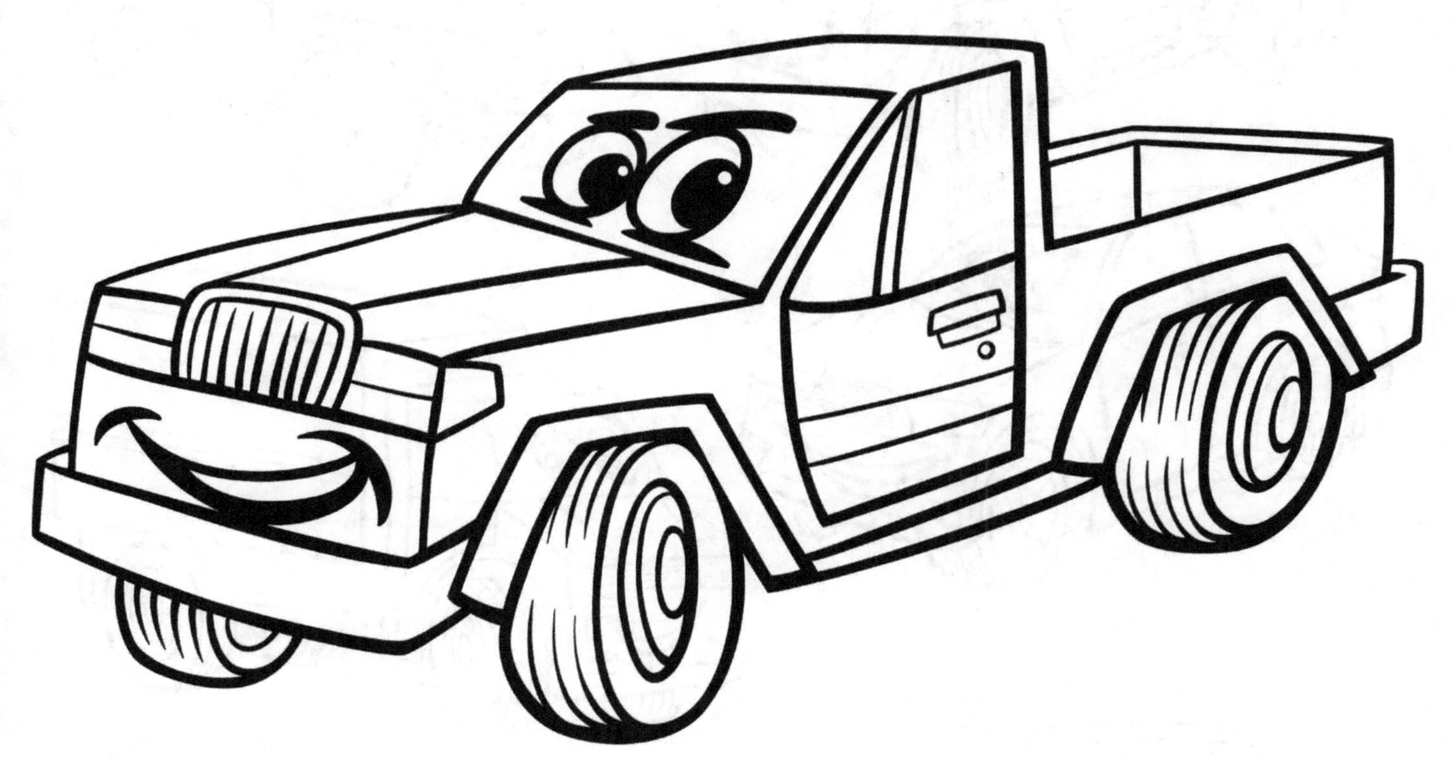

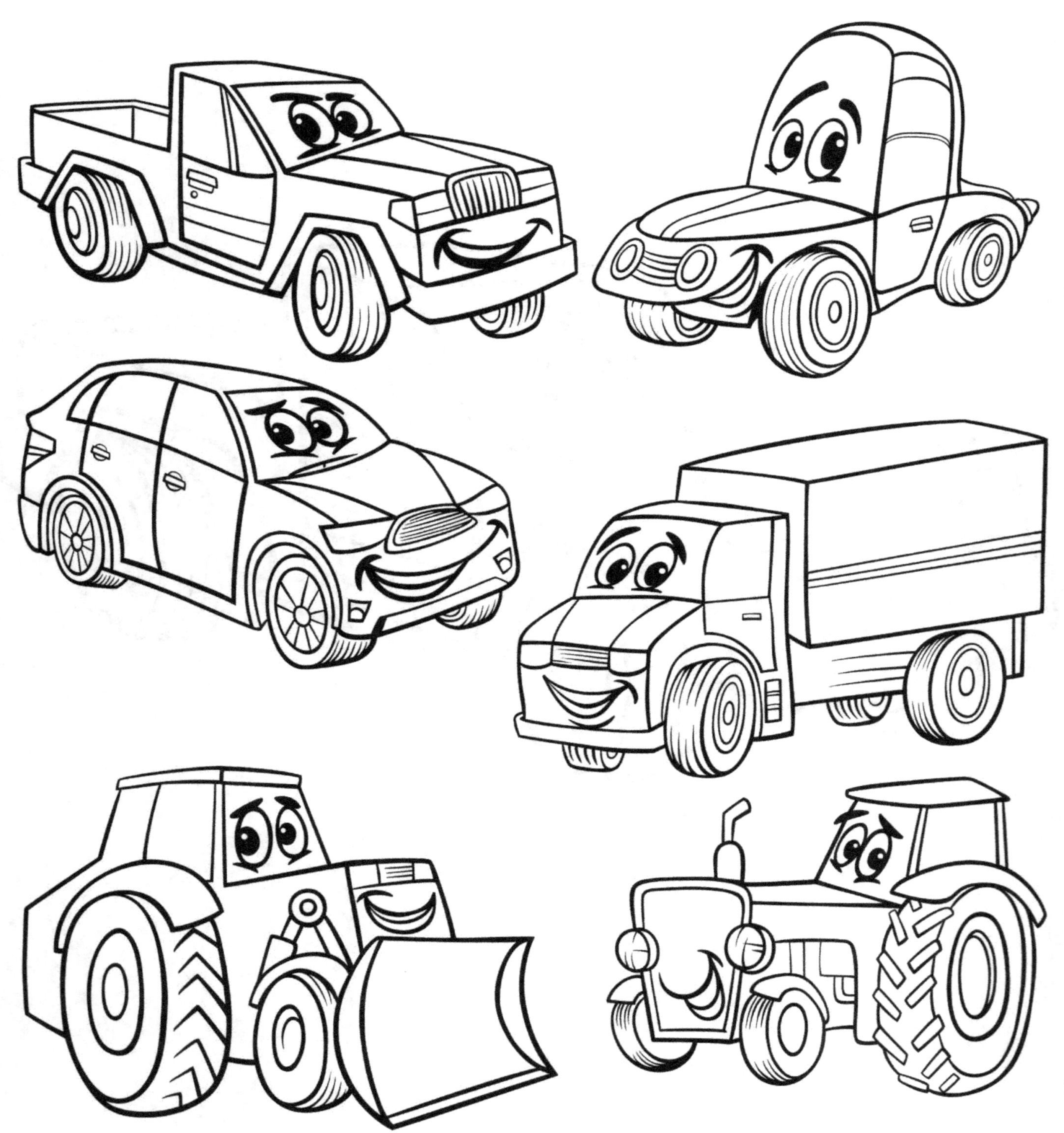

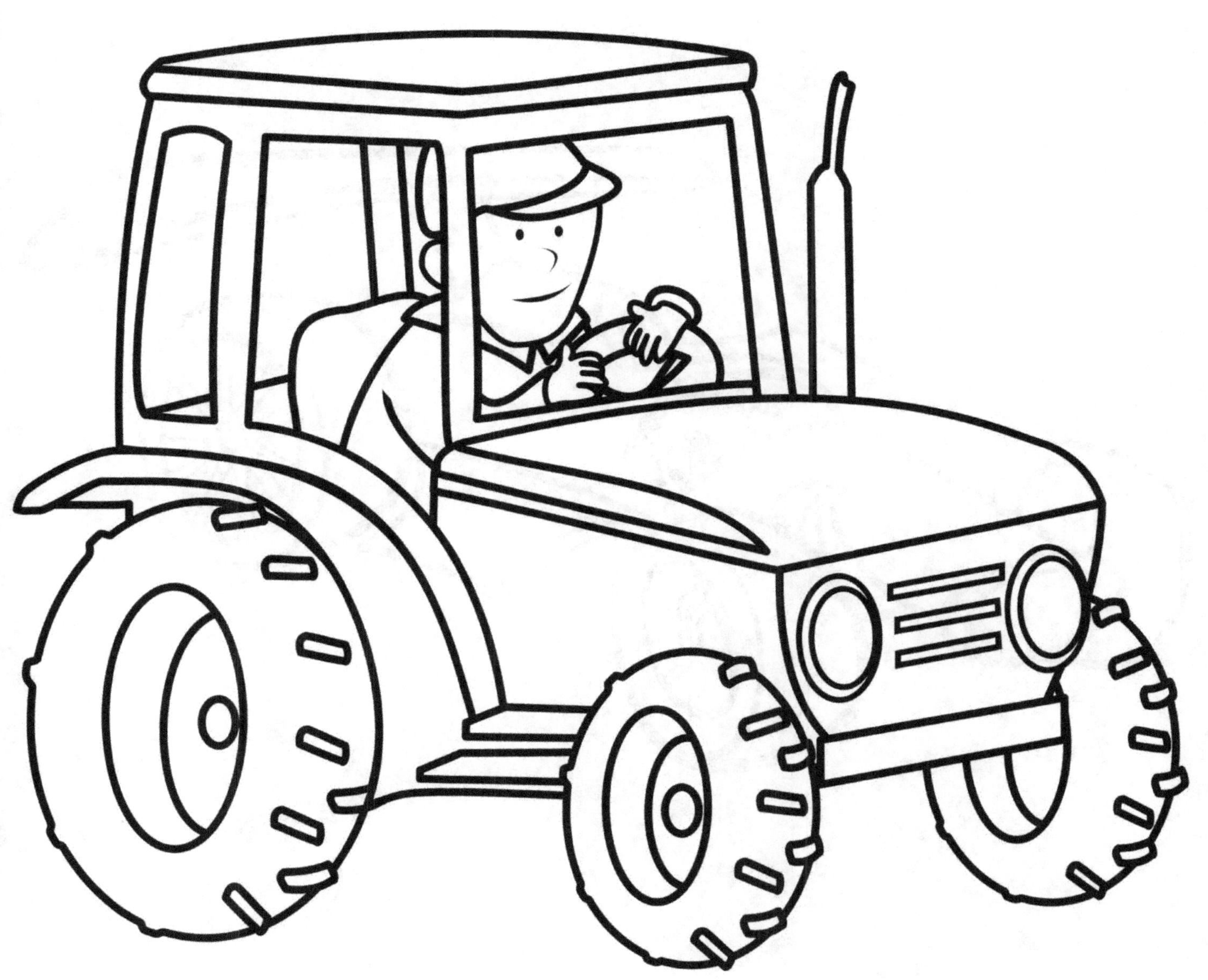

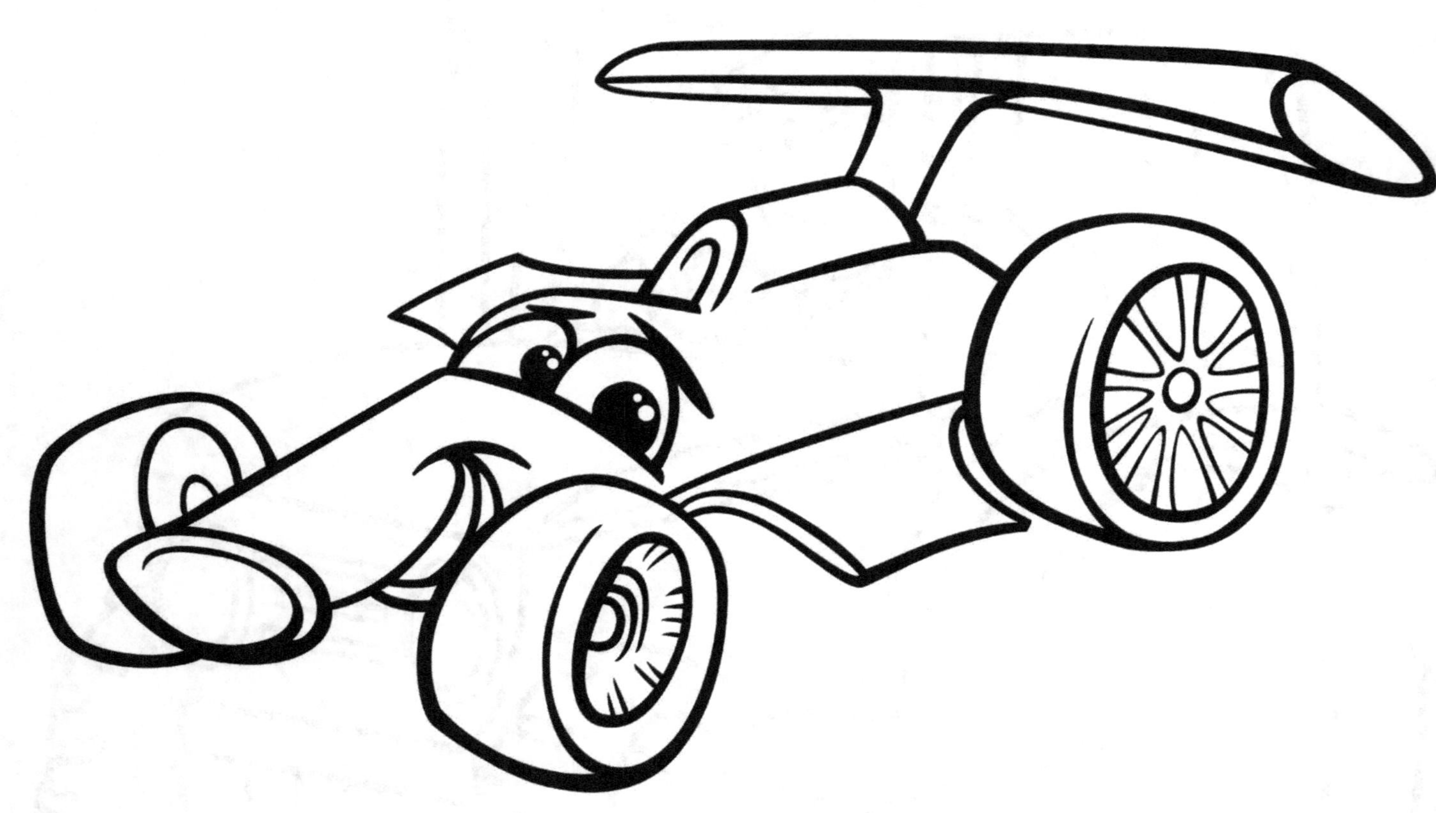

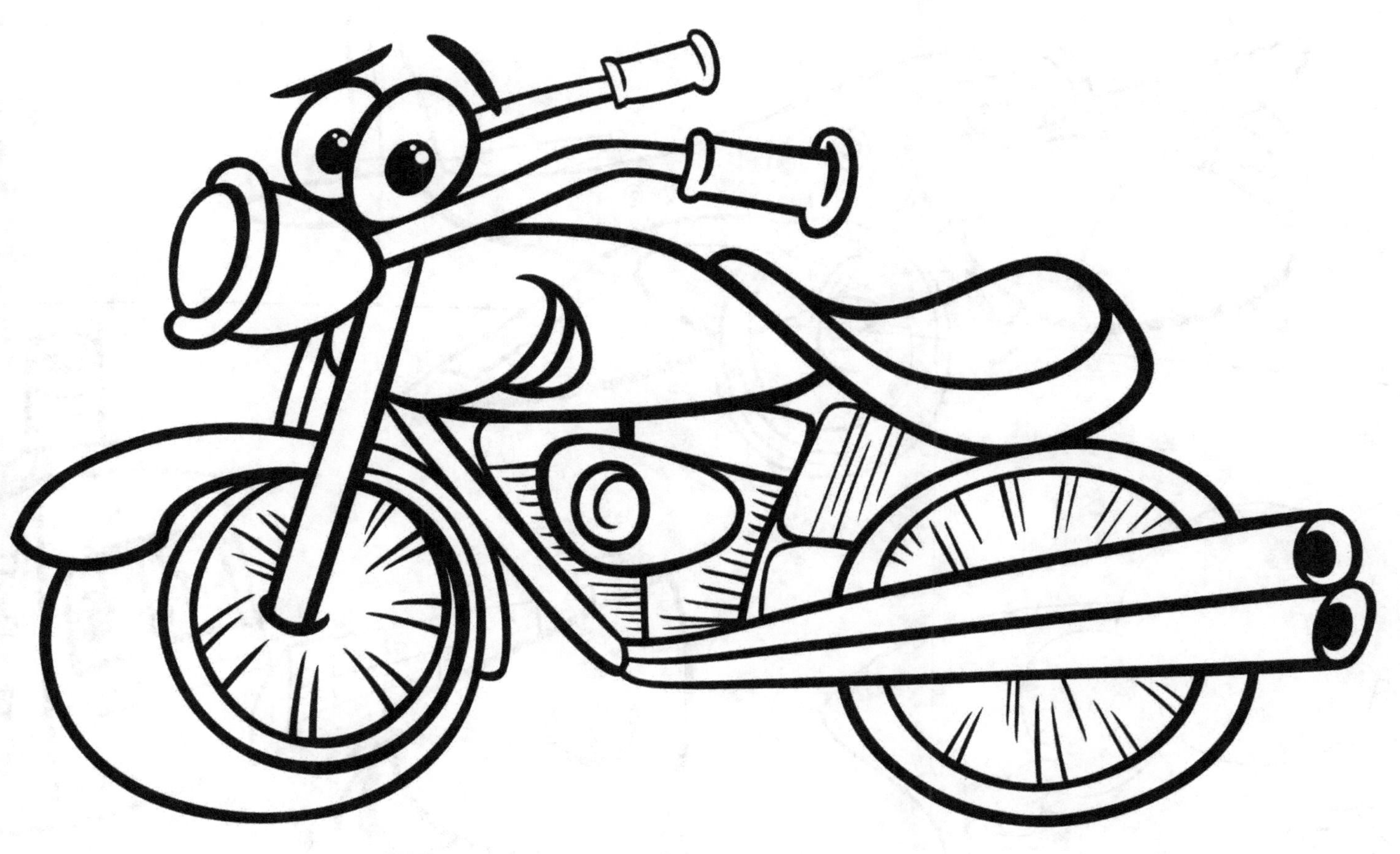

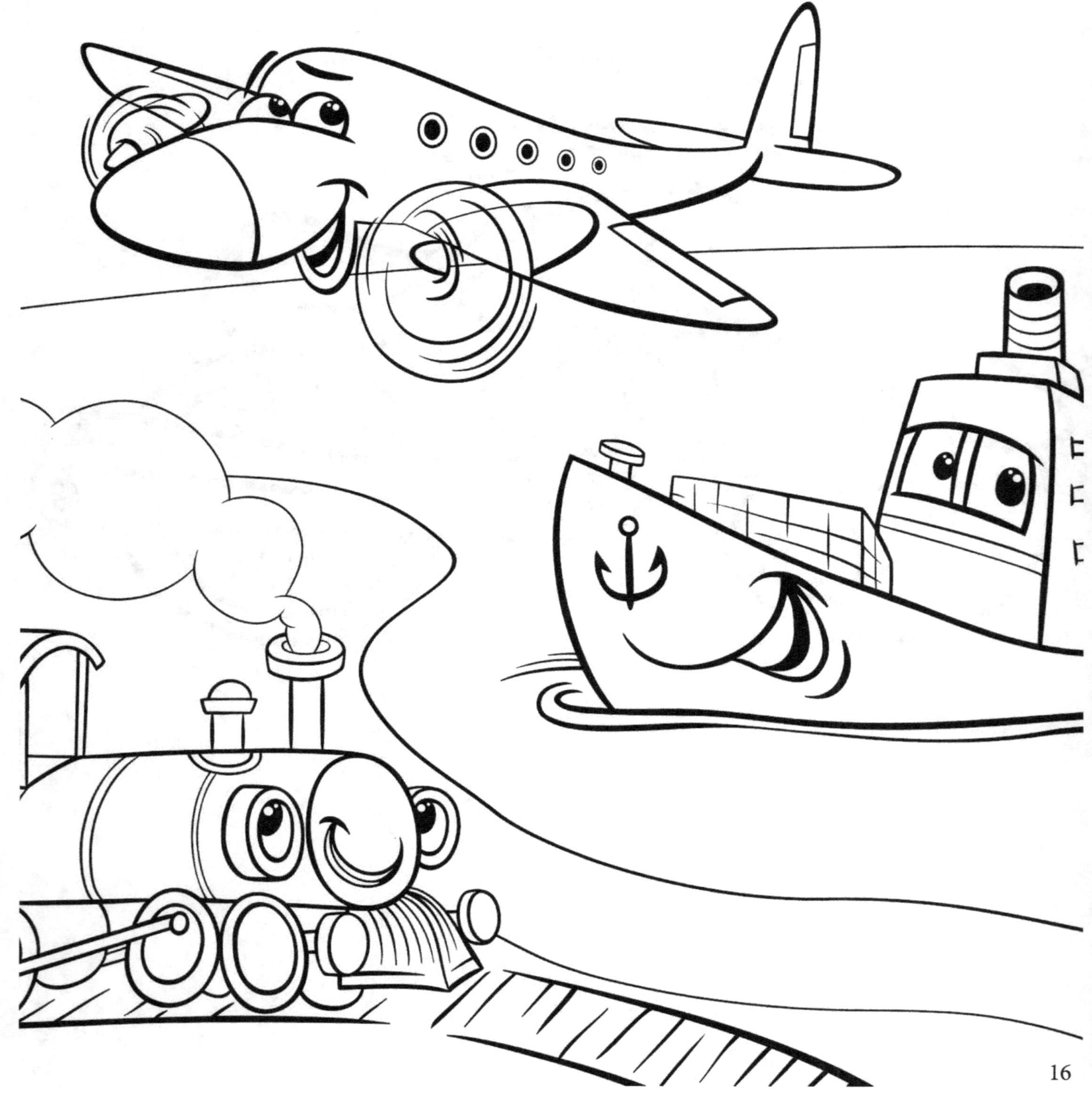

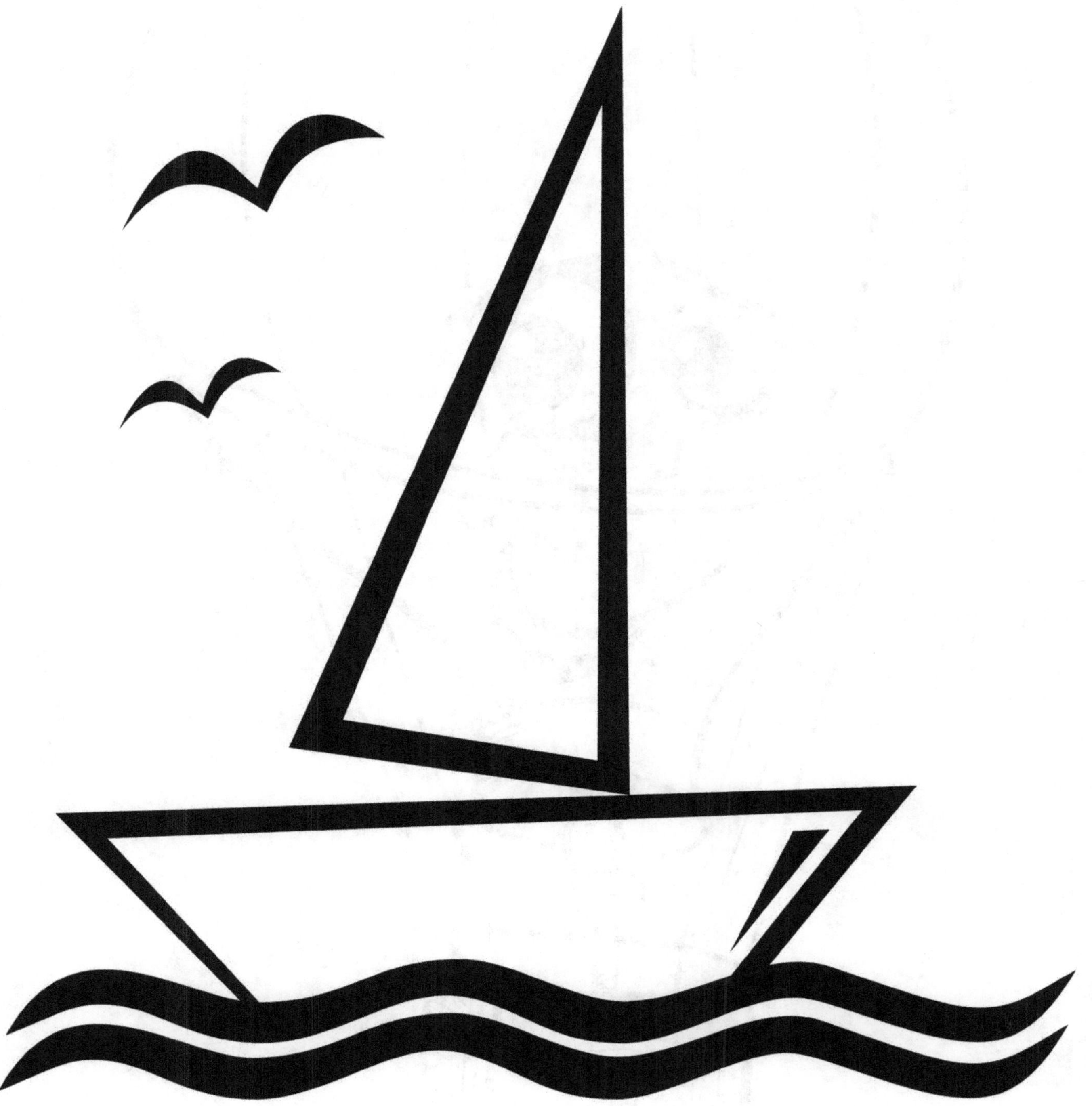

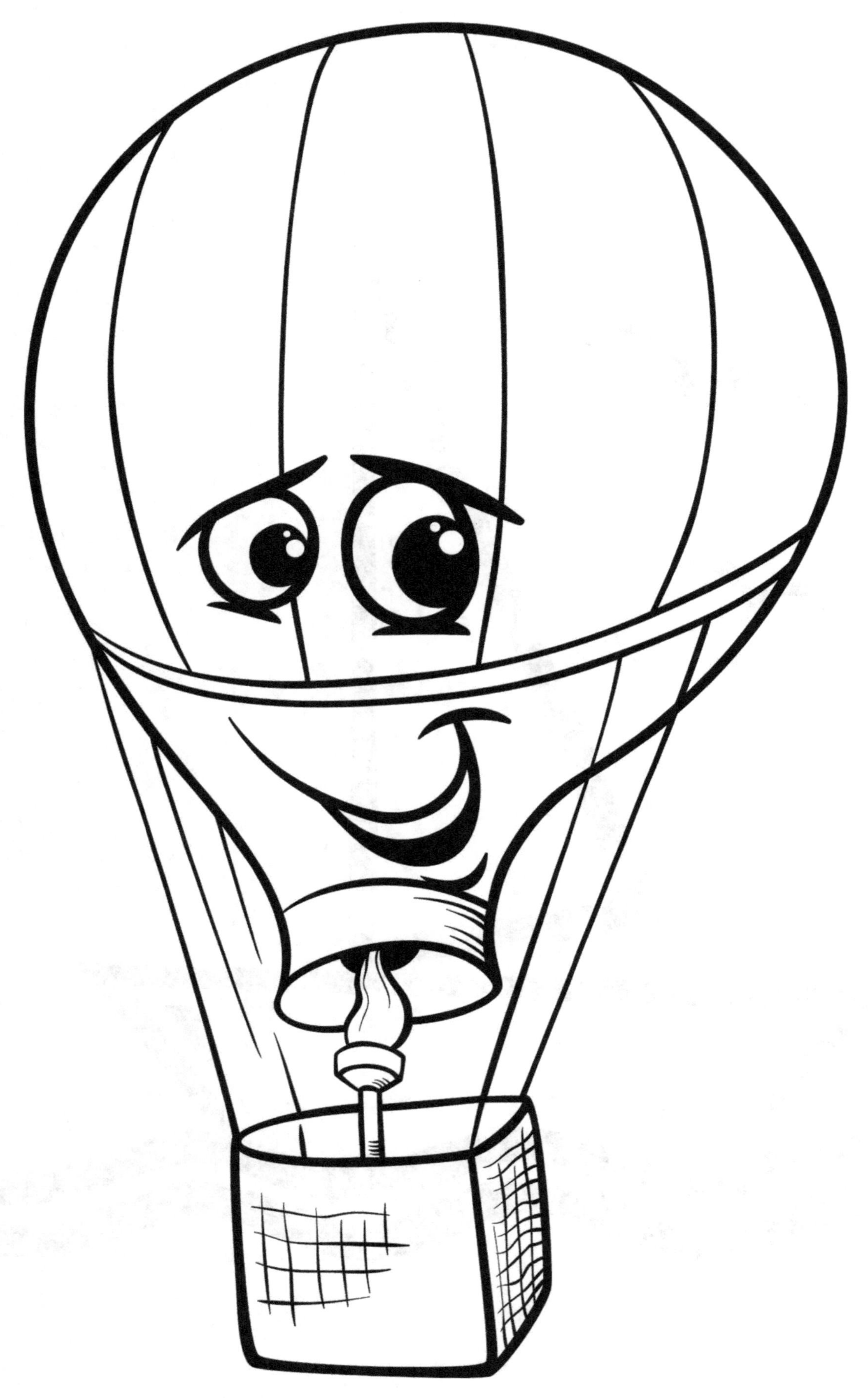

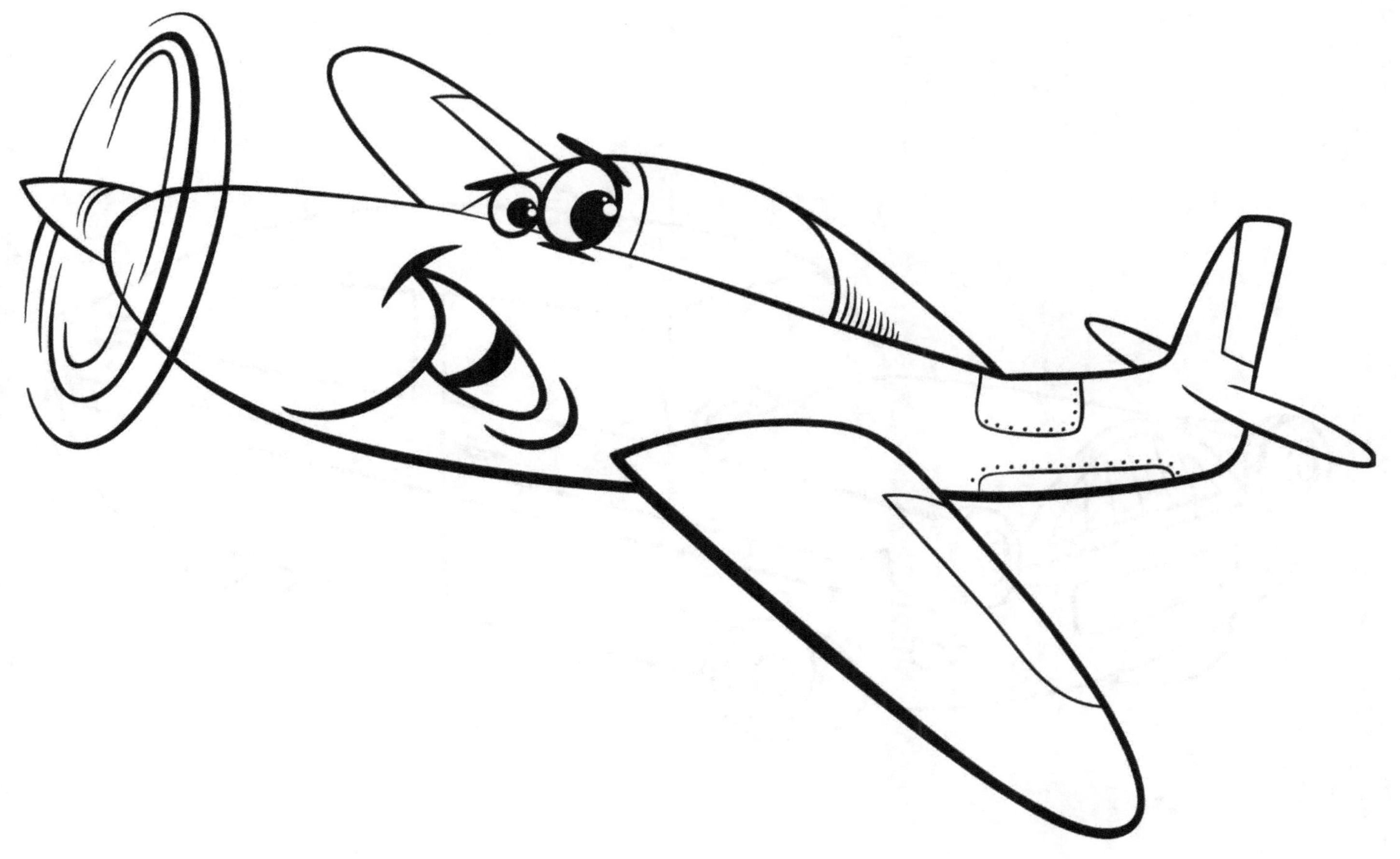

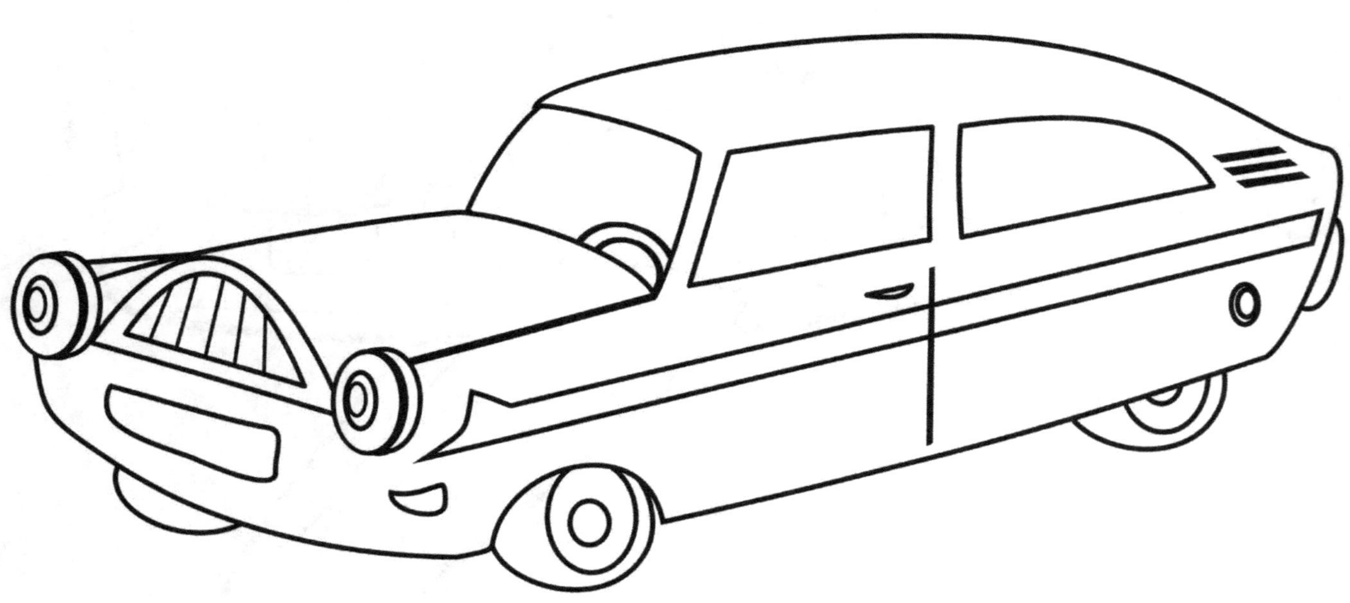

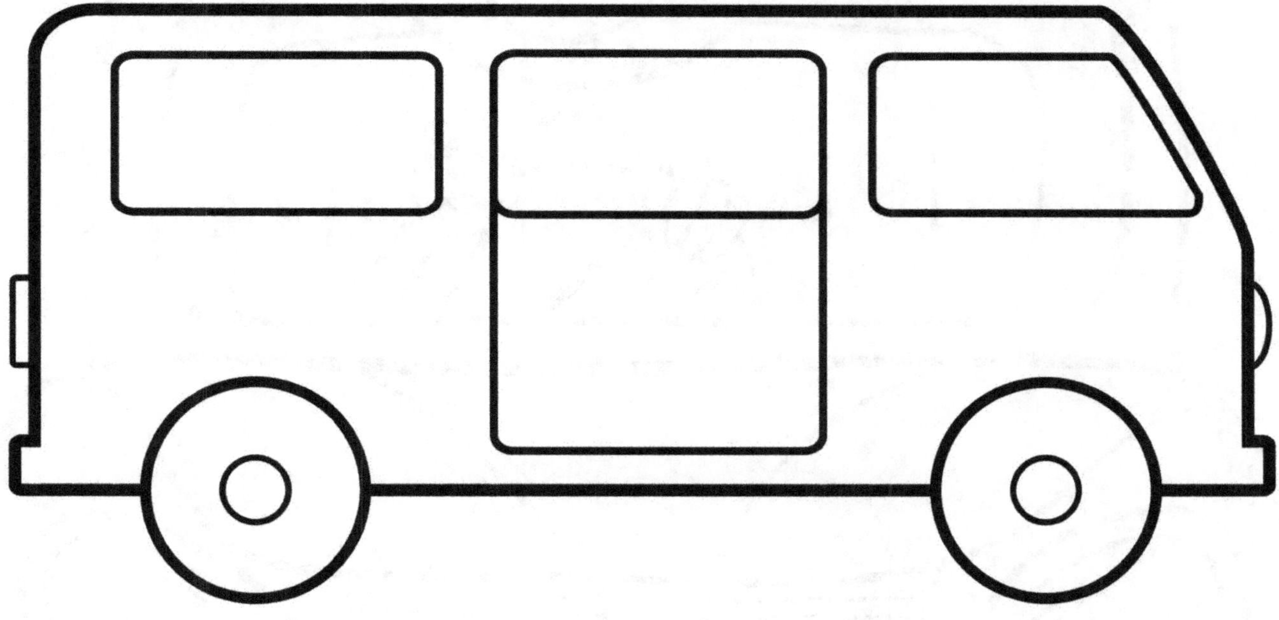

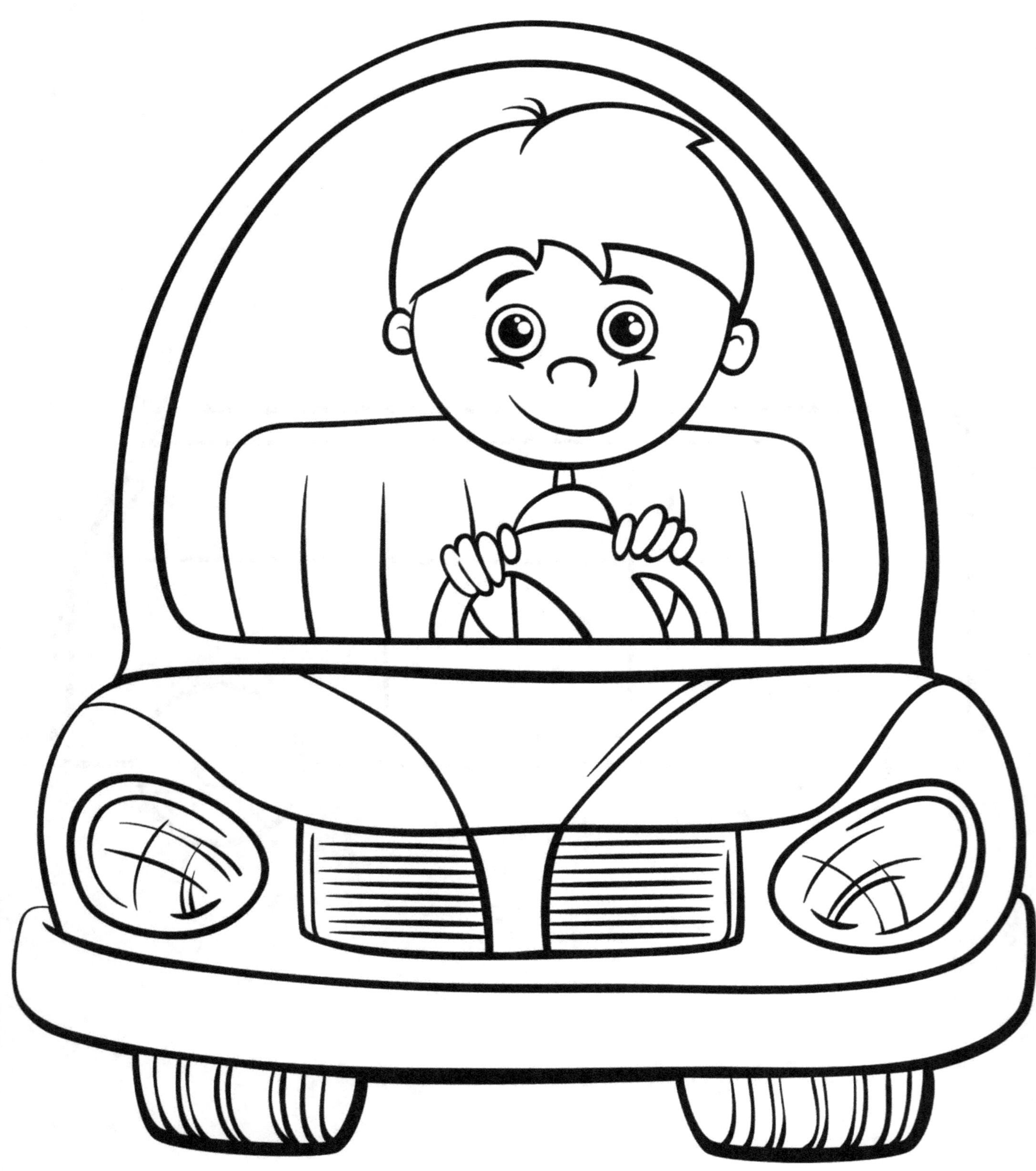

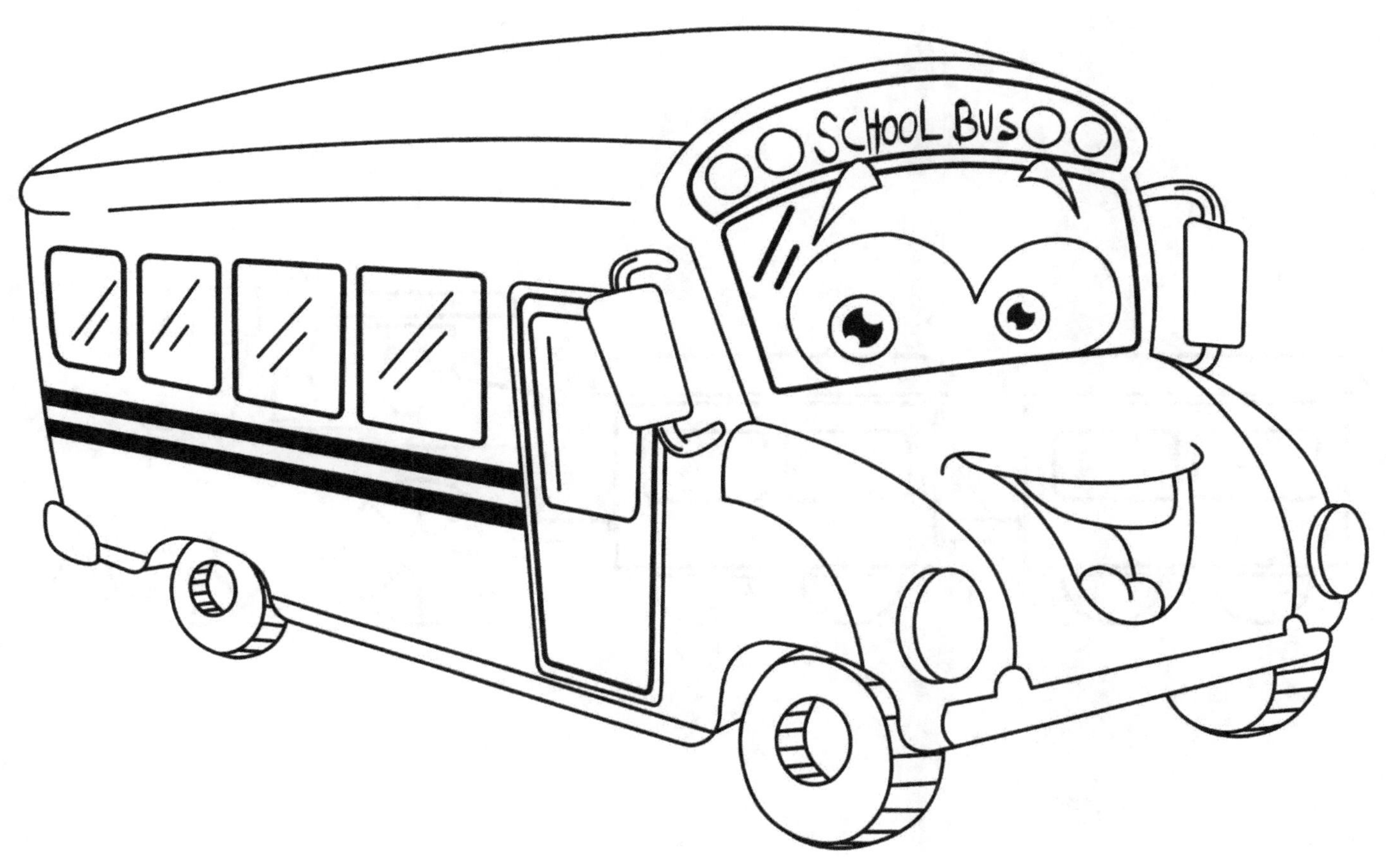
SCHOOL BUS

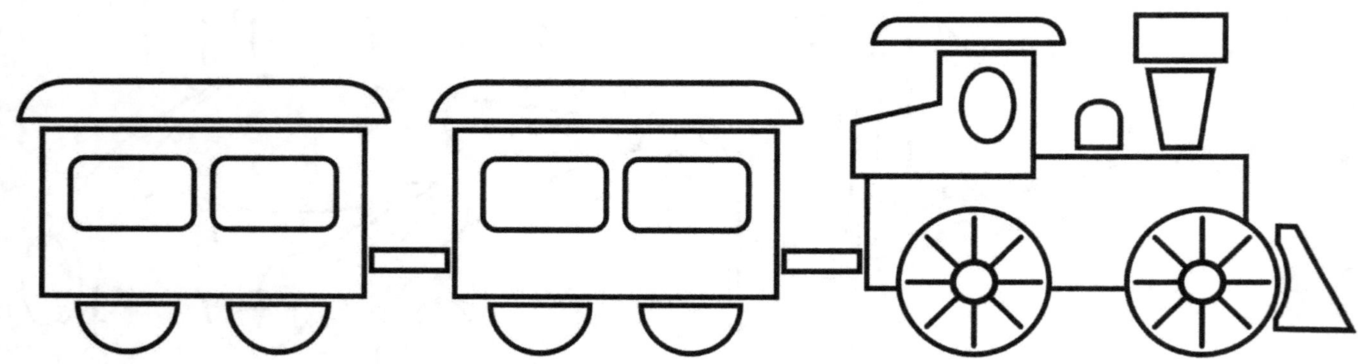

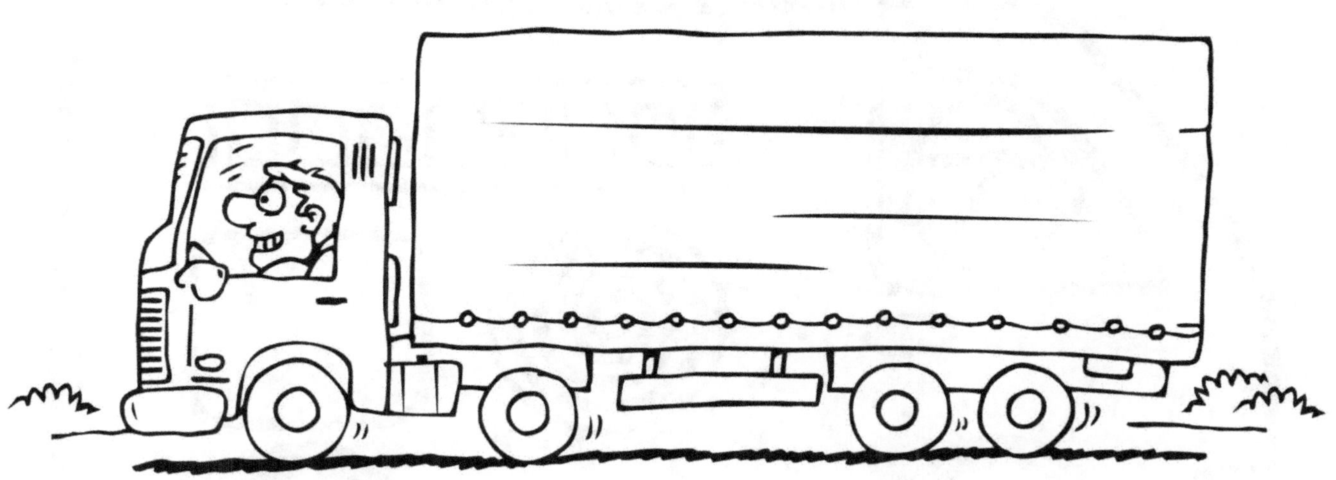

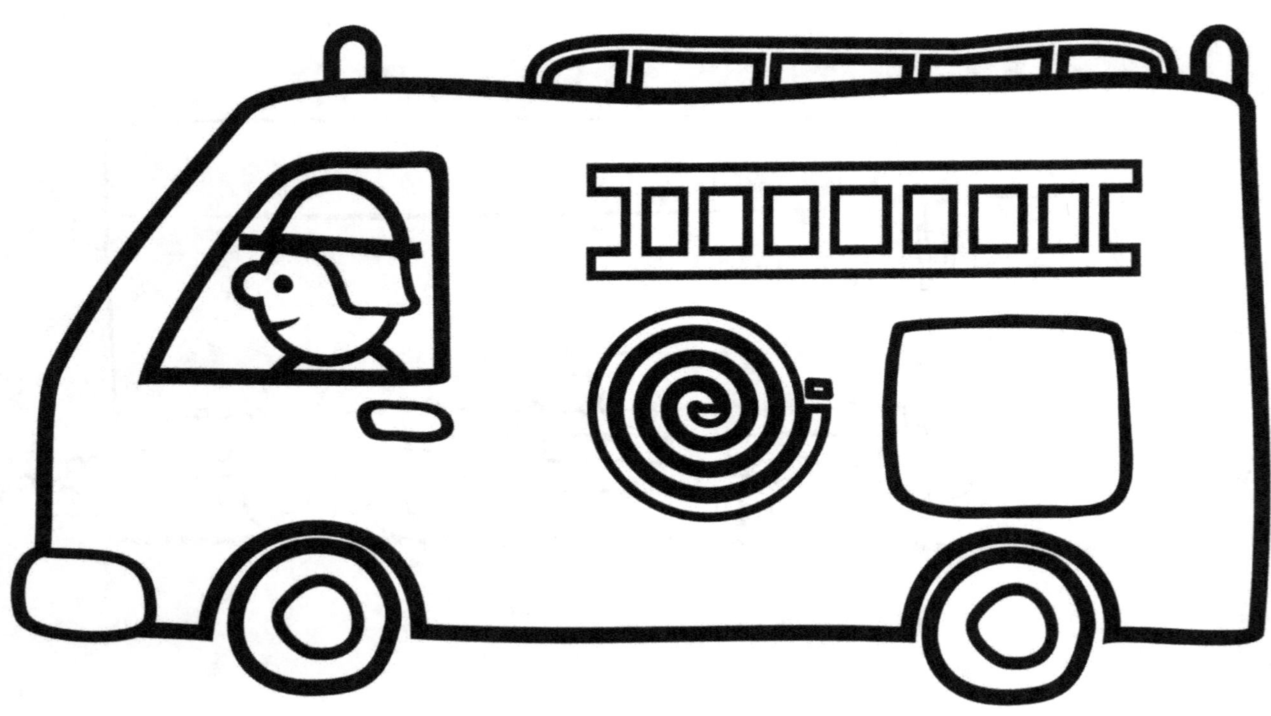

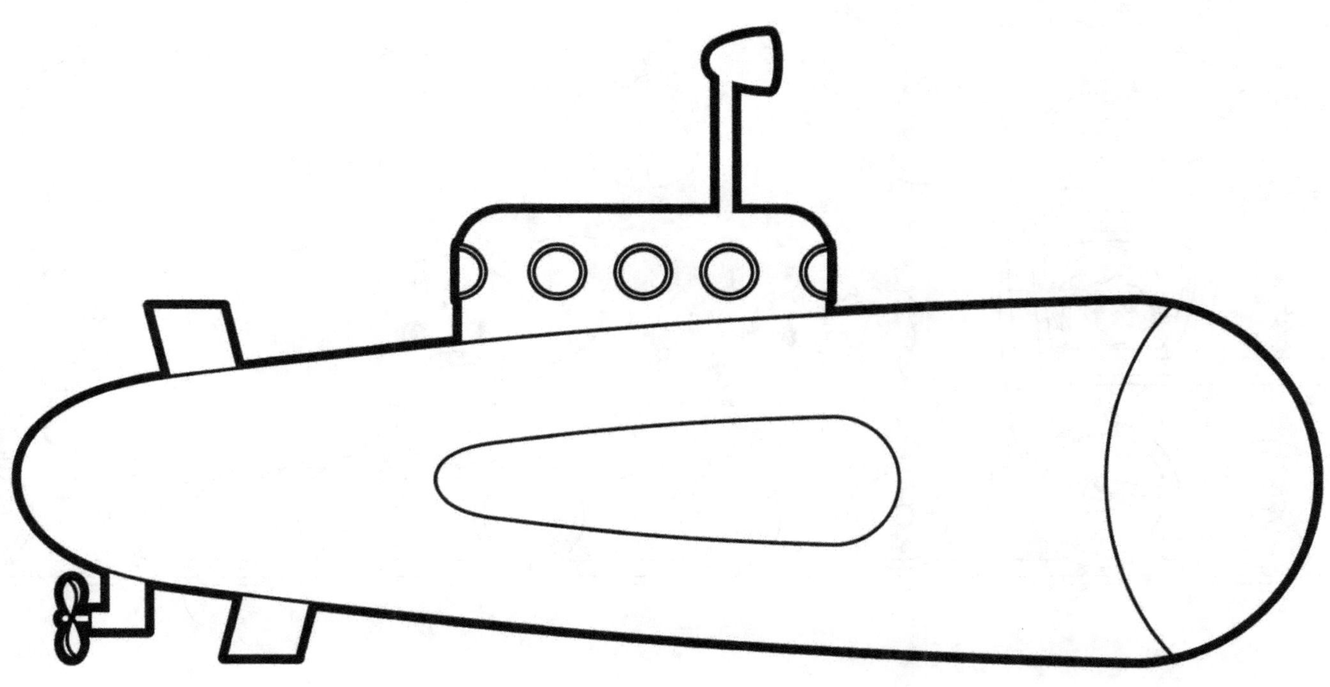

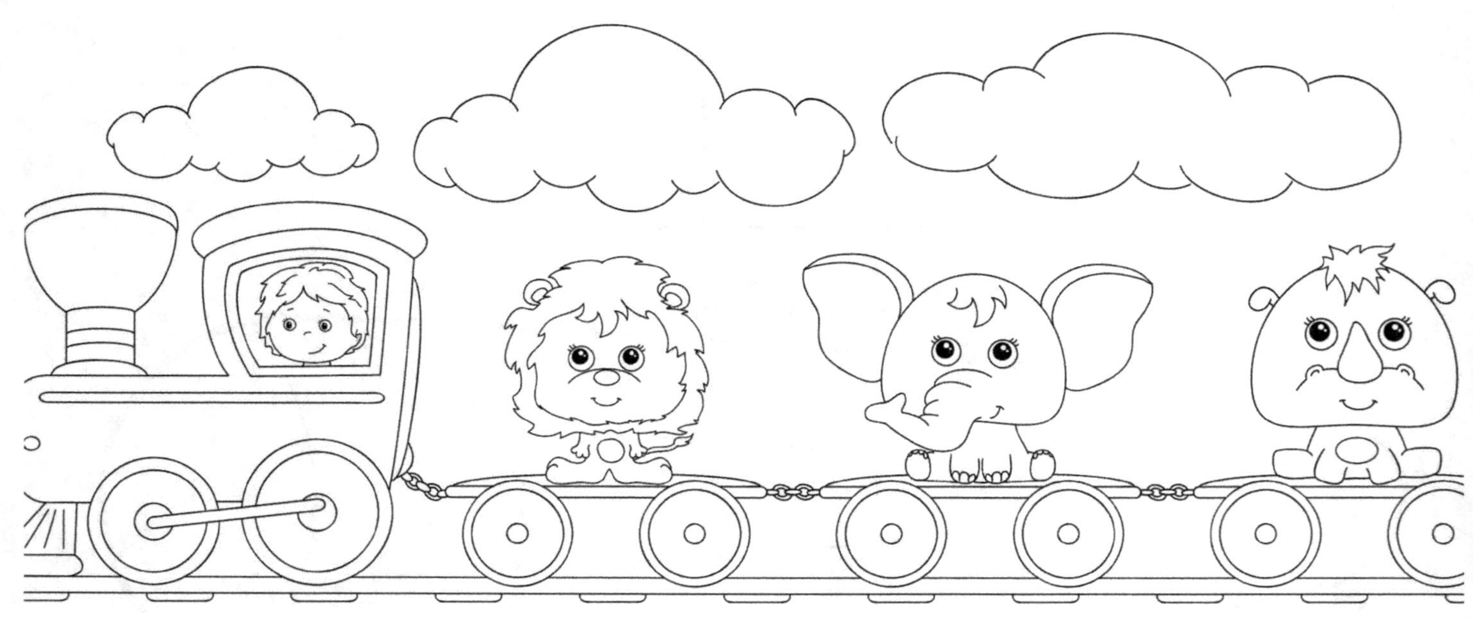

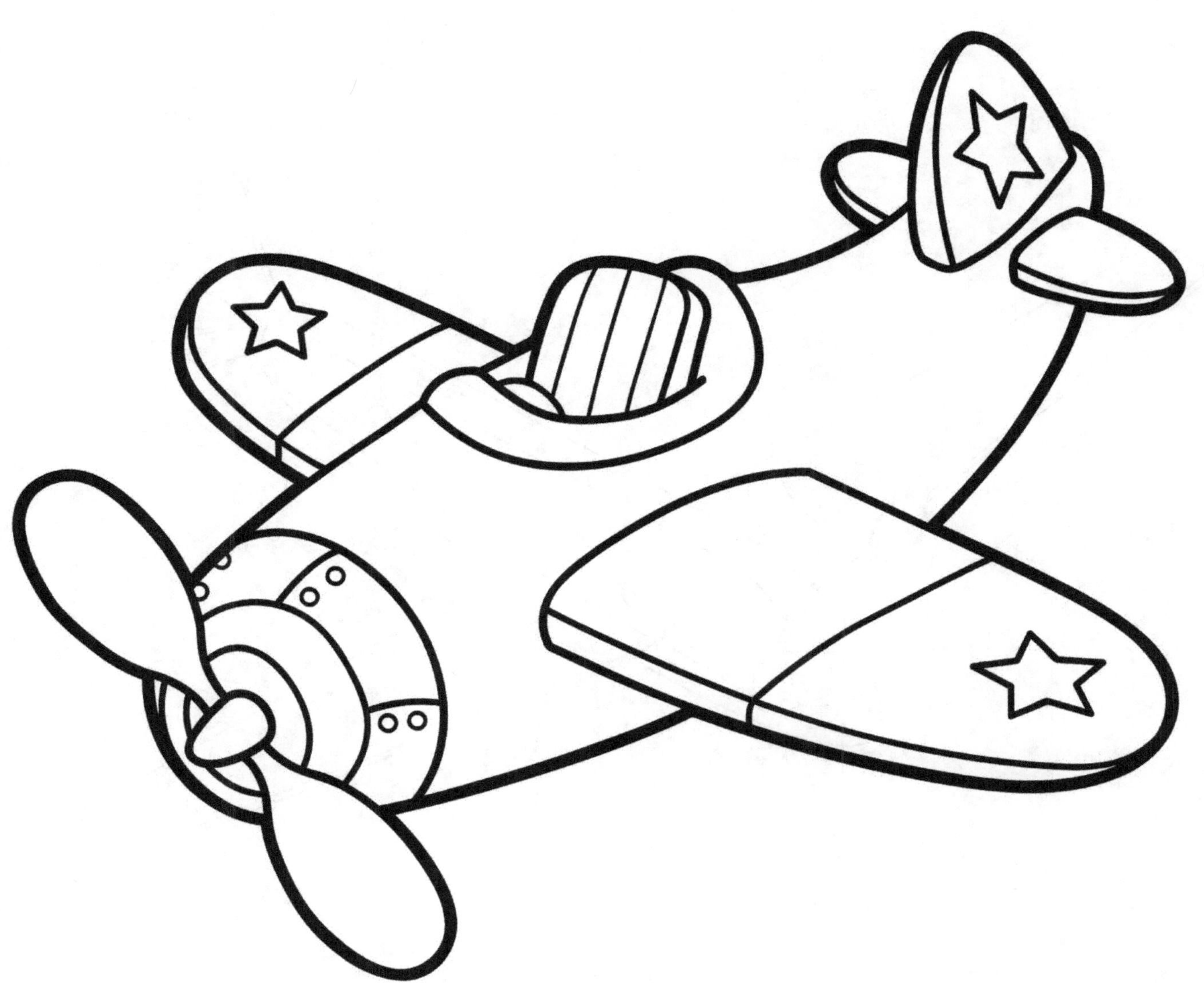

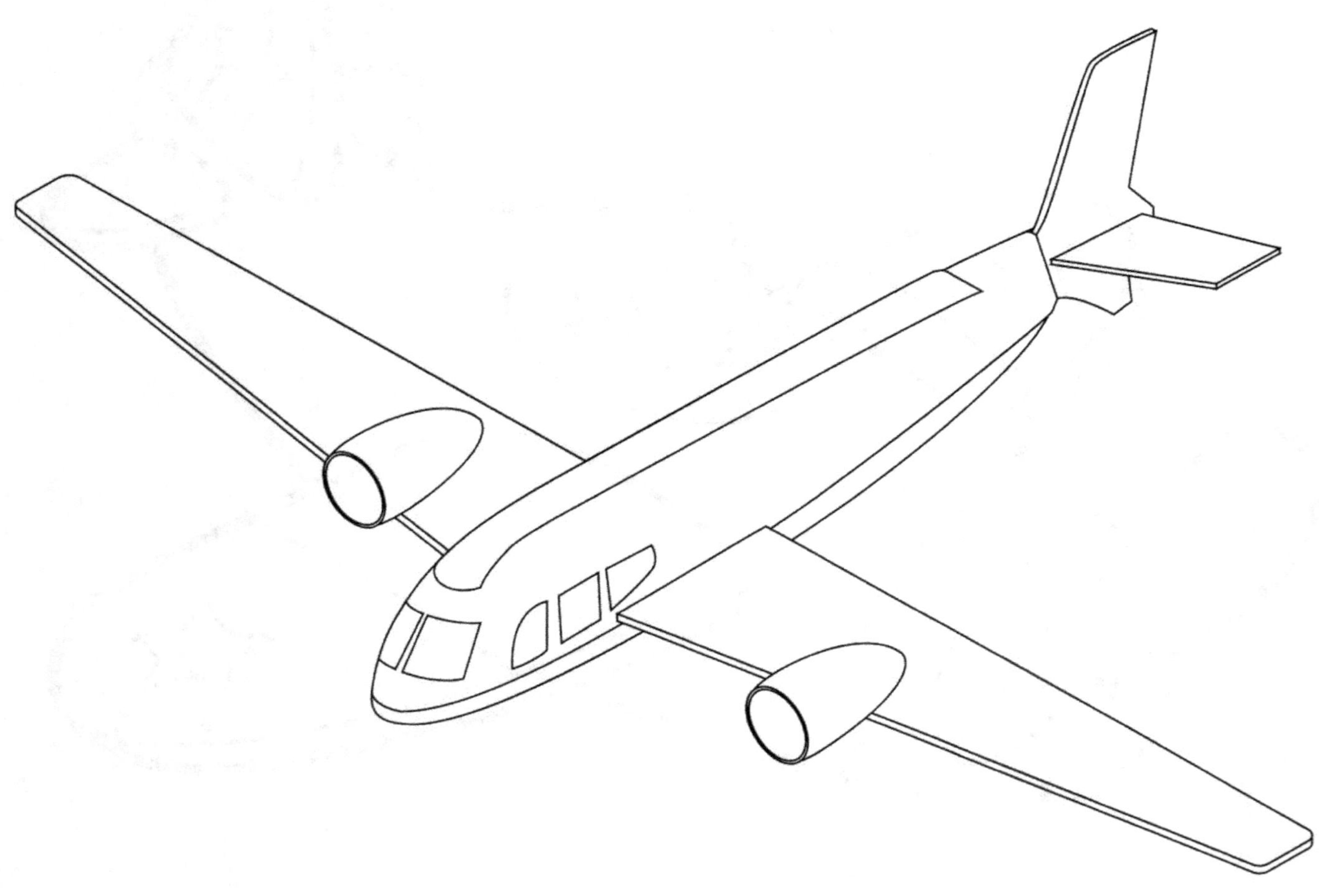

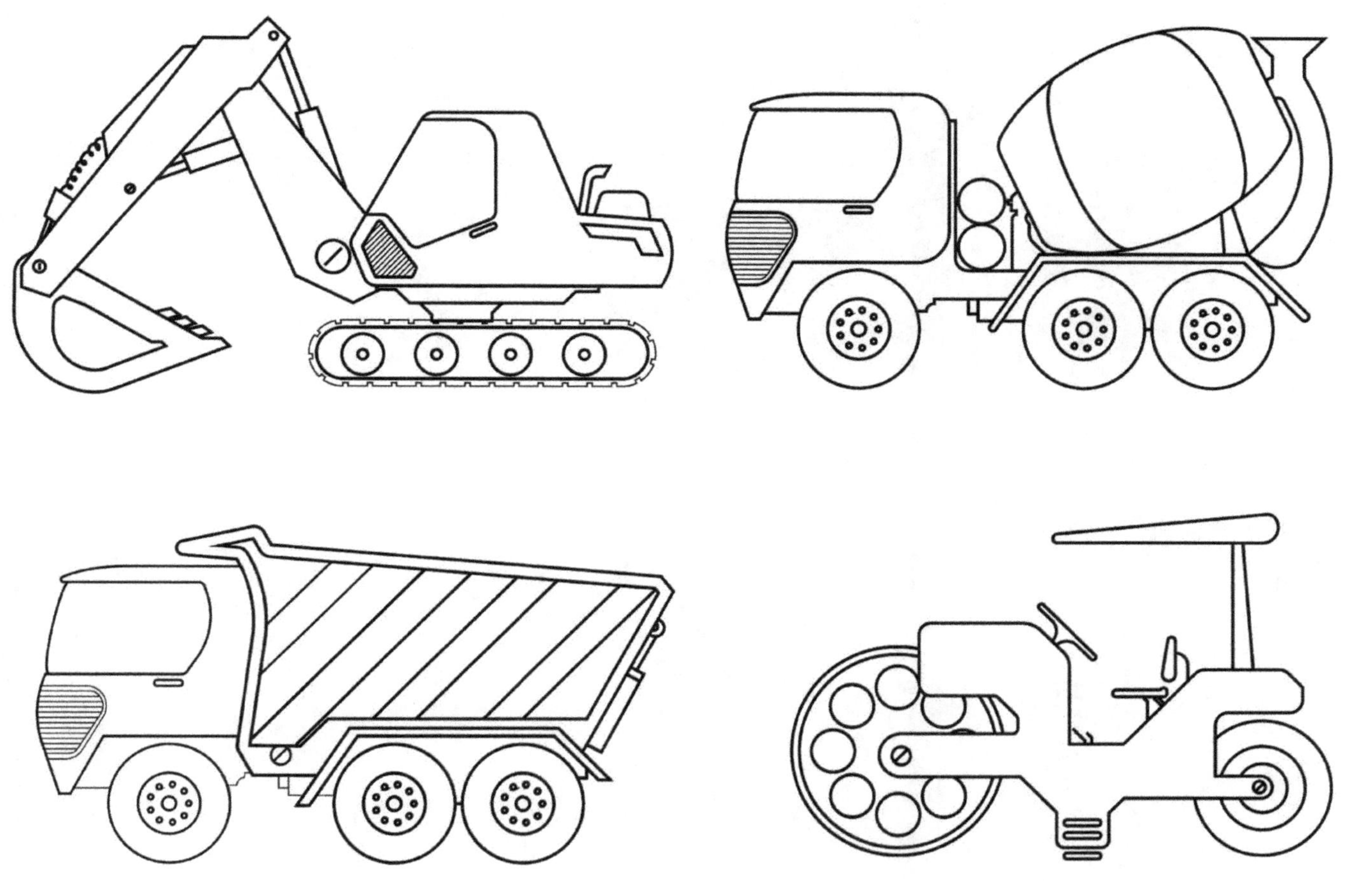